Ewa Morkowska

Warum gähnt das Nilpferd?

Unterhaltsame Sprechübungen für Kinder 1

Illustrationen von Małgorzata Bieńkowska

Die Deutsche Bibliothek – CIP-Einheitsaufnahme
Morkowska, Ewa:
Unterhaltsame Sprechübungen für Kinder / Ewa Morkowska. - Linz : Veritas
1. Warum gähnt das Nilpferd. - 2001
ISBN: 978-3-7058-5510-6

8. Auflage (2009)

Übersetzung aus dem Englischen und Lektorat: Anna Jungreithmayr, Linz; Martina Pammer, Linz
Logopädische Beratung: Dipl. Log. Karin Bodingbauer, Linz
Herstellung: Martin Grasl, Feldkirchen; Germana Kolmhofer, Hartkirchen
Satz: Buchstab & Note, Stefan Adamski, St. Georgen/Salzburg
Repro: „Ars & media“, Warszawa
Druck und Bindung: LVDM Landesverlag-Denkmayr, Linz

ISBN: 978-3-7058-5510-6

Liebe Erwachsene,

Sprechübungen werden um vieles attraktiver – sowohl für Kinder als auch für Erwachsene –, wenn sie spielerisch erfolgen. Jahrelang versuchte ich die Therapiestunden spannender zu gestalten, indem ich ziemlich ungeschickte Zeichnungen von Katzen, die sich ihre Schnauzhaare lecken, und ähnliche Motive in die Hefte meiner jungen Patienten zeichnete.

Dann gab es da noch ein kopiertes Blatt mit Bildern. Kinder schnitten die Bilder aus und klebten sie in ihr Heft. Zu Hause wiederholten sie die Übungen. Als Belohnung erhielten sie ein Plus in ihr Heft. Ich überlegte, weitere Bilder zu beschaffen, um die verschiedenen Übungen zu illustrieren: So entstand die Idee zu diesem Büchlein.

Sprechtherapie beginnt üblicherweise mit Übungen für die Lippen, die Zunge und den Unterkiefer. Die Übungen müssen viele Male wiederholt werden – und sie sind für die Kinder unattraktiv, eher langweilig. Daher sollen die Bewegungen mit passenden Bildern, Aktivitäten und Situationen verbunden werden. Das Wiederholen ein und derselben Bewegung wird weniger ermüdend und kann sogar Spaß machen, wenn eine passende Darstellung damit verbunden ist. Kinder haben eine natürliche Neigung, Spiele, die ihnen gefallen, viele Male zu wiederholen. Wenn wir also das Interesse des Kindes für ein Tier auf dem Bild wecken, wird es die Übungen lieber machen.

Als ich mit Schauspielstudenten arbeitete, hatte ich die Möglichkeit zu beobachten, wie sehr Bilder, die man sich vorstellt, die Intensität und die Genauigkeit von Bewegungen steigern. Diese Erfahrungen waren zum Teil hilfreich für meine Arbeit im Krankenhaus; mein Dank gilt dabei besonders Krystynie Mazur und Grażynie Matyszkiewicz.

Ich möchte auch meinen Kolleginnen Barbarze Suskiej und Janinie Stąsiek danken, denen ich die Idee zu einigen Übungen verdanke.

Wie Sie das Buch verwenden können

Bevor Sie mit den Übungen beginnen, vergewissern Sie sich, dass Ihr Gesicht auf gleicher Höhe mit dem des Kindes ist. Lesen Sie den Text, zeigen Sie dem Kind das Bild und bitten Sie es, die Aktivität, die mit dem Bild verbunden ist, durchzuführen. Sie können natürlich noch mehr über das Tier auf dem Bild sprechen.

Wenn das Kind die Übung ungeschickt macht, zeigen Sie ihm vor, wie sie gemacht werden sollte. Es ist sehr wichtig, das Kind für sein Interesse und seine Bemühungen zu loben, egal wie das Ergebnis aussieht.

Besser ist, nur sehr kurz zu üben, dafür aber oft: eine bis zwei Minuten mit Zwei- und Dreijährigen, ein bisschen länger mit älteren Kindern.

Einige Übungen werden absichtlich wiederholt: zum Beispiel das weite Öffnen des Mundes – das Nilpferd, das Krokodil und das Vogelkind –, da Kinder sehr oft mit zusammengepressten Lippen sprechen. Dies ist eine vorbereitende Übung für die Artikulation der Vokale. Eine besonders wichtige Bewegung ist es, die Zunge in die Höhe zu heben. Übungen, die die

Zunge in eine vertikale Position bringen, sind in einer Reihe von Bildern dargestellt, etwa die Marienkäfer, das Eichkätzchen mit der Malerbürste, der Specht. Ohne die Beherrschung dieser Aufwärtsbewegung der Zunge ist es unmöglich, die Laute l, t, d, n oder c/z, ch und das Zungen-r zu bilden – die schwierigsten Laute, die das Kind zuletzt lernt. Da jede Übung mit einem Bild verbunden ist, prägt sich bei Kindern nach einigen Wiederholungen ein, dass zum Beispiel das Signalwort „Nilpferd“ bedeutet, den Mund weit aufzumachen.

Die Übungen können überall gemacht werden – beim Spazierengehen, am Weg in den Kindergarten – dann natürlich ohne Buch. Am Ende des Buches finden Sie eine Tabelle, in die Sie Plus für die absolvierten Übungen eintragen können.

Liebe Kinder!

Ihr spielt doch sicher gerne. Ich möchte euch einige lustige Spiele zeigen, bei denen ihr verschiedene Bewegungen nachahmt. Eure Eltern, Großeltern, Schwestern oder Brüder, eure Lehrerinnen und Lehrer, eure Kindergärtnerin und eure Freunde: Alle können mitspielen.

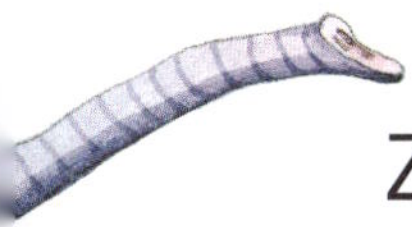

Vielleicht können sich einige von euch sogar eine lustige Bewegung der Lippen oder der Zunge ausdenken und dazu eine Zeichnung machen. Eure Ideen können andere Kinder ermutigen mitzuspielen und es macht sicher großen Spaß, auf diese Weise richtig sprechen zu lernen.

Das Nilpferd macht sein Maul weit auf, es muss gähnen.

Kannst du deinen Mund so weit aufmachen, wie es das Nilpferd tut?

Hast du schon einmal ein Krokodil gesehen?
Ich möchte gern wissen, wie weit ein Krokodil sein Maul aufreißen kann.

Mach du deinen Mund auf, so weit du kannst.

Das Vogeljunge macht seinen Schnabel ganz weit auf, wenn seine Mutter es füttert.

Mach deinen Mund so weit auf wie ein hungriges Vogelkind.

Schau,
wie dick die
Lippen des Affen
sind.

Stülpe deine Lippen
nach außen –
die Oberlippe hinauf und
die Unterlippe hinunter.

Wir stecken den Schlüssel in das Vorhängeschloss und sperren es zu.

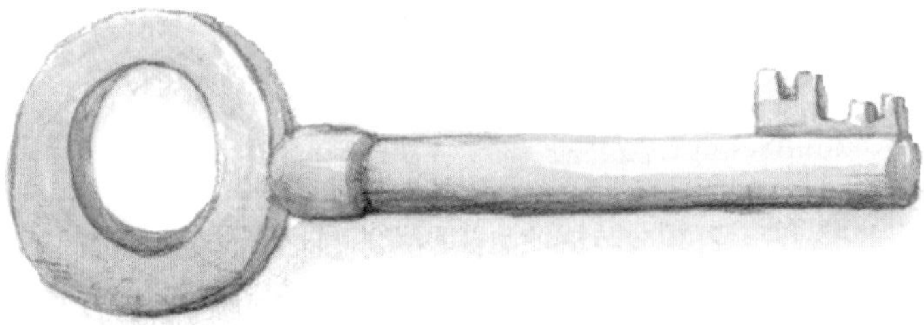

Presse deine Lippen fest zusammen.

Der Hase bewegt seinen Mund nach rechts und nach links.

Bewege deine geschlossenen und gespitzen Lippen nach rechts und dann nach links.

Die Maus hat ein dreieckiges spitzes Gesicht mit einer schwarzen Nase wie ein Bleistiftpunkt.

Spitze deine Lippen und tu, als ob du einen Kreis, ein Dreieck und eine gerade Linie zeichnest.

Der Storch klappert mit seinem Schnabel. Er glaubt, dass er einen Frosch fangen wird.

Versuch deine Lippen weit vorzustrecken und sie dann zu öffen und zu schließen.

Wer ist das, der da am Teich sitzt? Es ist ein Frosch. Was der für ein breites Maul hat!

Versuche deine Lippen so breit zu machen wie ein Frosch. Dann streck sie nach vor wie den Schnabel eines Storches, der den Frosch fangen will.

Die Ballons sind mit Luft gefüllt.

Press deine Lippen zusammen und blas deine Wangen auf.

Der Hamster stopft seine Backen mit Futter voll: zuerst die eine, dann die andere.

Press deine Lippen zusammen und blas zuerst deine linke Wange, dann deine rechte Wange auf.

Da ist eine Kuh auf der Wiese. Sie rupft Gras ab und kaut es langsam.

Mach das Kauen der Kuh nach.

Die Katze hat eine Schale Milch getrunken und leckt sich nun ihre Barthaare.

Lecke deine Lippen rundherum, berühr mit deiner Zungenspitze deine Oberlippe und deine Unterlippe.

Der Wolf hat einen Hasen gejagt, nun ist er erschöpft. Er lässt seine Zunge heraushängen und keucht.

Streck deine Zunge heraus, so weit wie du kannst, in Richtung Kinn.

Der Ameisenbär streckt seine Zunge sehr weit heraus, um Ameisen zu fangen.

Streck deine Zunge so weit gerade heraus, wie du kannst, aber sie soll dabei deine Zähne nicht berühren.

Der schläfrige Hund kommt langsam aus seiner Hundehütte heraus.

Streck deine Zunge langsam aus deinem Mund heraus, sie soll dabei deine Zähne nicht berühren.

Eine Schildkröte geht
sehr, sehr langsam.

Streck deine Zunge
ganz langsam aus
deinem Mund heraus,
sie soll dabei leicht
deine oberen Zähne
berühren.

Die Scheibenwischer eines Autos bewegen sich nach links und nach rechts.

Streck deine Zunge heraus und bewege sie zuerst in deinen linken Mundwinkel und dann in deinen rechten Mundwinkel.

Das Pendel der
Uhr schwingt
nach links und
nach rechts.

Bewege deine Zunge in deinen linken Mundwinkel und dann in deinen rechten Mundwinkel.

12

Die Schlange schlängelt sich dahin, sie krümmt ihren Körper nach links und nach rechts.

Streck deine Zunge heraus und bewege sie, wie eine schlängelnde Schlange, nach links und rechts in deine Mundwinkel.

Die Schnecke kommt langsam aus ihrem Schneckenhaus heraus.

Streck deine Zunge ein Stückchen heraus, berühr damit deine Oberlippe und beweg sie langsam aufwärts.

Eine Wippe geht hinauf
und wieder hinunter.

Streck deine Zunge
heraus und beweg sie
leicht hinauf und
hinunter.

Ein Schwein macht schnalzende, schmatzende Geräusche mit der Zunge, wenn es frisst.

Versuch auch solche Laute zu machen.

Ein Pferd zieht einen Wagen die Straße entlang, seine Hufe klappern auf dem Kopfsteinpflaster.

Mach das Klappern der Pferdehufe nach. Schnalze dazu deine Zunge gegen deinen Gaumen.

Dieser kleine Fisch heißt Seewolf oder Katzenwels; er saugt sich an den Wänden seines Aquariums fest und frisst die Algen.

Versuch deine Zungenspitze auf deinen Gaumen zu pressen, und zwar direkt hinter deinen Zähnen.

Mit einem Besen kehrt man den Hof.

Versuch mit deiner Zunge deinen Gaumen, deine unteren und oberen Zähne zu „kehren“ – so wie mit einem Besen.

Ein Maler streicht die Zimmerdecke
mit einer großen Bürste.

Deine Zunge streicht deinen
Gaumen wie eine große Bürste.

Marienkäfer krabbeln auf einem Blatt. Sie haben viele Punkte auf ihren roten Flügeln.

Nun spielen wir Maler! Mal mit deiner Zungenspitze Punkte auf deinen Gaumen.

Ein Fliegenpilz hat eine Menge Punkte auf seinem Schirm.

Versuch mit deiner Zungenspitze so viele Punkte auf deinen Gaumen zu malen, wie auf dem Schirm eines Fliegenpilzes sind.

Ein Specht klopft mit seinem
Schnabel auf den
Baumstamm.

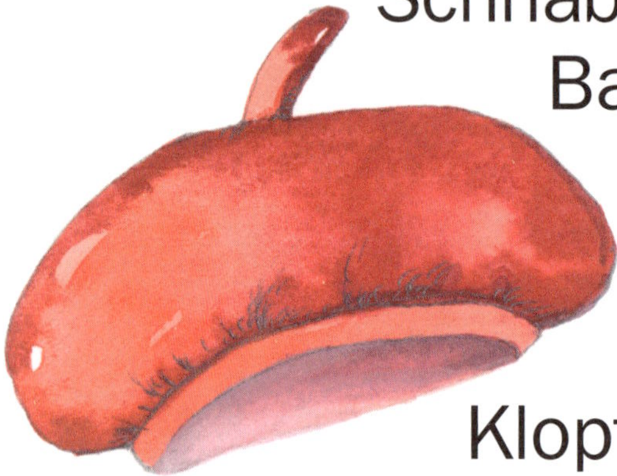

Klopf mit
deiner Zungenspitze
direkt hinter deinen Zähnen
auf deinen Gaumen.

Auf einer Rutsche kannst du von ganz oben bis ganz nach unten rutschen.

Rutsch mit deiner Zunge deinen Gaumen hinunter – von den Zähnen bis weit hinein in deinen Mund.

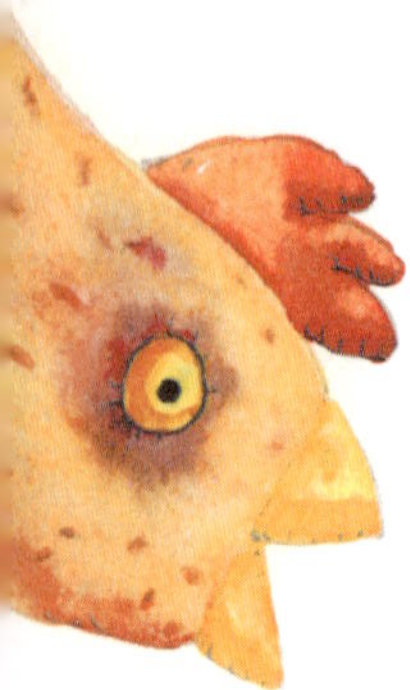

Mit einem Buntstift können
wir verschiedene Formen
zeichnen.

Streck deine Zunge heraus
und „zeichne“ einen Kreis
und eine gerade Linie.

Ein Vogel hüpft von einer Zaunlatte zur nächsten und zwitschert.

„Hüpf" mit deiner Zungenspitze von einem Zahn zum andern – bei den oberen Zähnen und auch bei den unteren.

Wie groß dieser Elefant ist! Was er für einen langen Rüssel hat! Der Elefant kann mit ihm alles erreichen.

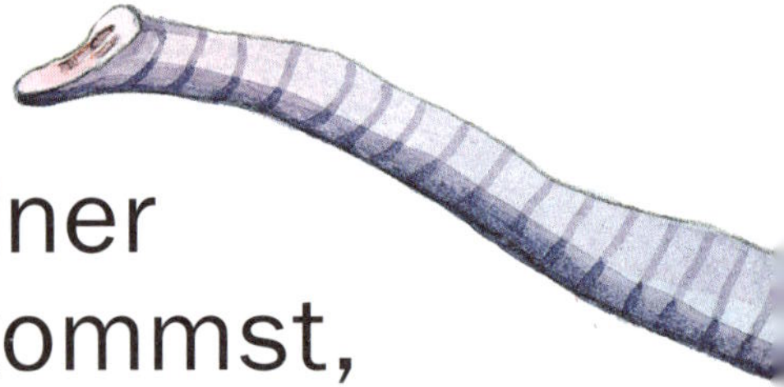

Probier, ob du mit deiner Zunge zu dem Zahn kommst, der am weitesten hinten im Mund ist – am Oberkiefer und am Unterkiefer, links und rechts.

Der eigensinnige Esel will
nicht weitergehen.
Er setzt seine Hufe fest ein.

Zieh deine Zunge von deinen
Zähnen zurück, ohne sie
anzuheben.

Da schwimmt ein Haifisch im Meer. Hat der eine Menge Zähne!

Versuch jeden deiner Zähne mit der Zungenspitze zu berühren, als ob du sie zählen würdest.

Datum / Übung										
Nilpferd										
Krokodil										
Vogelkind										
...										
...										
...										
...										
...										